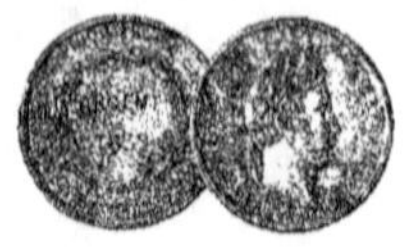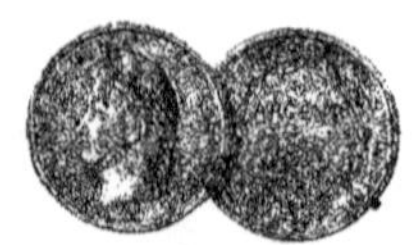

SCAPHANDRE
APPAREIL DE PLONGEUR CABIROL

Charles FERRUS, Neveu & Successeur

PARIS-MONTMARTRE, RUE MARCADET, 168

—

1875

SCAPHANDRE CABIROL

Charles FERRUS, Neveu & Successeur

I

Scaphandre Cabirol.

Depuis 1840, le *Scaphandre Cabirol* est employé dans la marine natio-
nale. Il y a plus longtemps encore que les ingénieurs des Ponts et Chaussées
s'en servent journellement. On peut dire que ce précieux engin est
maintenant d'un usage courant. Sur la flotte, dans tous nos grands ports,
sur tous les points du littoral et sur tous les chantiers hydrauliques de
l'intérieur, soit en France, soit à l'étranger, il existe un nombre considérable de plongeurs parfaitement familiarisés avec l'emploi du *Scaphandre*; ils connaissent à fond sa composition, les ressources qu'il offre, les
précautions qu'il exige, les soins nécessaires à sa conservation.

Dans cet état de choses, il me paraît rationnel d'abréger beaucoup
désormais les instructions longuement détaillées qui ont accompagné, dans
les éditions précédentes, les gravures du présent album. Ces minutieuses
explications, indispensables à l'origine, n'offraient plus ni intérêt ni utilité.

Du reste, sous ce titre : *Du Scaphandre et de son emploi à bord des navires*,
M. le lieutenant de vaisseau Temple a publié, à la librairie Arthus Ber-
trand, à Paris, un Manuel aussi complet que clairement rédigé. Ceux
donc à qui ne suffiraient pas les indications que je donne ici, trouveront
dans le petit Manuel de M. Temple les instructions plus complètes dont
ils auraient besoin.

On me permettra de consigner ici, comme preuve de la supériorité de
mes appareils et des perfectionnements que je n'ai cessé d'y apporter
pendant ces dernières années, de consigner, dis-je, ce fait : Mon *Scaphandre*, qui figurait à l'Exposition universelle de Londres, en 1862, dans la
classe XII (Marine), a obtenu une médaille ainsi justifiée par le rapport
du Jury international : *Pour perfectionnement et économie.*

Les fabricants anglais, au nombre de trois, à la même Exposition,
n'ont obtenu du Jury aucune récompense. En 1867, Exposition interna-
tionale Paris, mon appareil a obtenu une 1re médaille. En 1868, au
Havre, médaille d'or.

II

Détail du Scaphandre.

Mon *Scaphandre* se compose de deux parties essentielles : l'une comprend tous les objets destinés à revêtir le plongeur et à descendre avec
lui sous l'eau ; l'autre est la pompe qui, de la surface, doit lui envoyer
l'air sans lequel il ne vivrait pas dans un tel élément.

La première partie elle-même se subdivise en deux : d'une part, le
casque et la pèlerine métallique y attenante; d'un autre côté, l'accoutrement proprement dit ou le vêtement qui recouvre toutes les portions du
corps non abritées sous le masque et ses dépendances.

L'accoutrement proprement dit, à l'exception des brodequins et de la
ceinture qui sont en cuir, est d'une étoffe imperméable, tantôt coton
croisé, tantôt forte toile, suivant la nature du travail à exécuter ; coton
croisé, dis-je, ou forte toile doublée d'une épaisse lame de caoutchouc.
L'étoffe de coton est plus flexible et gêne moins les mouvements du

plongeur que de la toile ; celle-ci, en retour, offre des garanties de
durée qui souvent sont un motif péremptoire de la préférer : l'ingénieur
est juge de ce qui convient. Du reste, c'est par erreur qu'on se figure
que certains accoutrements sont d'une composition spéciale qui les éloigne
beaucoup des autres ; il est plus vrai de dire que tous se ressemblent et
se valent à peu près. Comme fabricant, on le comprendra, je ne néglige
rien afin de me procurer les meilleurs tissus que l'on connaisse.

Voici comment se décomposent les accoutrements du *Scaphandre Cabirol* :
une paire de brodequins, une ceinture de cuir, le vêtement proprement
dit en étoffe imperméable (il est d'une seule pièce des pieds aux épaules),
des anneaux et lanières en caoutchouc vulcanisé pour fermer hermétiquement le vêtement aux poignets.

Mais je n'omettrai pas d'avertir que, sous cet accoutrement imperméable, le plongeur doit avoir la précaution de prendre d'abord un bonnet,
un caleçon, un gilet, des chaussettes de laine ou de coton : le tout dans
le but que sa transpiration soit absorbée ; car l'imperméabilité de l'habil-
lement extérieur ne permettant pas à la sueur de s'évaporer, le corps
se trouverait, dès les premiers instants, dans un bain de transpiration refroi-
die aussi préjudiciable au travail que nuisible à la santé.

Je rangerai sous le titre d'accessoires du vêtement : un coussin rem-
bourré, destiné à amoindrir l'effet de la pression de la pèlerine sur le
corps ; un poignard dont il est prudent que le plongeur soit muni, pour
couper sous l'eau ce qui lui ferait obstacle ; des ouvre-manchettes en
cuivre, dont l'usage a été adopté en premier lieu au port de Toulon, et
qui facilitent considérablement l'opération d'habiller et de déshabiller le
plongeur.

La pompe de mes *Scaphandres* est le point sur lequel j'ai le droit, à
mon avis, d'appeler avec le plus de confiance l'attention et l'examen de
MM. les ingénieurs.

Elle est à trois corps, comme l'indique le dessin ci-après. Elle est
mise en mouvement au moyen de deux manivelles et d'un volant. Le manomètre que j'y ai adapté permet d'apprécier à l'œil le degré de compression de l'air, et rend compte instantanément des déplacements verticaux
du plongeur, aussitôt qu'il se rapproche ou s'éloigne de la surface de
l'eau.

Cette pompe comprime l'air jusqu'à sept atmosphères et même au delà.
Abandonnée à elle-même ensuite, elle reste stationnaire entre trois et
quatre atmosphères.

Je dirai ici incidemment que, durant le travail, la pompe doit être
solidement fixée, soit à terre, soit sur une barque, par une corde ou par
une chaîne passée dans les anneaux de fer dont la caisse est pourvue à

cet effet : de la sorte, aucune déviation n'est à craindre. Il faut également avoir soin d'huiler les supports et les barils avec l'huile la plus
fine, et de la faire manœuvrer pendant quelques instants avant que la
communication n'ait été établie, au moyen des tuyaux conducteurs de
l'air entre la pompe et le plongeur prêt à descendre.

Pour éviter que l'air ne s'échauffe trop pendant son séjour dans
les cylindres, je les ai entourés d'un réservoir où l'eau se renouvelle
incessamment, au moyen de deux tuyaux : l'un d'aspiration, l'autre
d'écoulement.

Le casque est muni de quatre lunettes en verre, protégées par un fort
treillis de cuivre. Précédemment, dans nos casques, et aujourd'hui encore
dans les casques anglais, ces lunettes n'étaient qu'au nombre de trois.
J'ai ajouté la quatrième à la hauteur du front, afin que le plongeur
puisse voir au-dessus de sa tête — ce qui est souvent indispensable —
sans être obligé de se rejeter en arrière, manœuvre pénible et dange-
reuse à la fois.

Il est essentiel que le plongeur puisse agrandir ou diminuer, lui-même
et sous l'eau, l'orifice d'échappement d'air. A cette fin, j'ai placé à portée
de sa main, vers la hauteur de l'oreille droite, une soupape dont il règle
à volonté le jeu ; elle peut être dévissée par lui autant qu'il est nécessaire, sans courir pour cela le risque de tomber à l'eau.

Une seconde tubulure à robinet est placée sur le devant du casque
(fig. A) ; elle permet, dans les cas où il est besoin, d'augmenter rapide-
ment l'évacuation de l'air.

Pour empêcher que le casque ne se dévisse jamais sous l'eau, quand
il se trouve engagé dans l'intérieur d'un navire ou au milieu d'autres
obstacles, je l'ai fixé à l'épaulière de la manière la plus solide, au moyen
de deux petites pattes métalliques. Elles sont placées à l'arrière : l'une
tient au casque, l'autre tient à l'épaulière. Toutes les deux ont leur extrémité percée de plusieurs trous. Le casque une fois vissé à point, ces trous
sont en face l'un de l'autre ; on y introduit une cheville, et toute désar-
ticulation du casque et de l'épaulière devient absolument impossible.

Il arrive, à la longue et à force d'usage, que la rondelle de cuir sertie
dans l'épaulière pour faire jointure avec le casque, finit par s'user et s'a-
mincir. Il pourrait en résulter infiltration de l'eau, et le casque en outre
ne tiendrait plus vissé aussi solidement. Dans ce cas, après avoir relevé
la rondelle à l'aide d'une pointe de couteau, je conseillerai d'introduire
par-dessous des rondelles de papier huilé, rondelles superposées jusqu'à
épaisseur suffisante.

Les tuyaux qui, reliant le plongeur à la pompe, servent de canal à
l'air, sont des tubes composés d'une hélice intérieure en fil de fer étamé,

recouverte d'une première toile, de deux lames de caoutchouc laminé, de quatre tours de toile caoutchoutée et, en dernier lieu, d'une forte enveloppe de toile à voile qui protége le tout contre les coupures et accrocs pouvant résulter du frottement sur un corps quelconque.

Enfin, le plongeur tient toujours à la main le bout d'une *corde de signaux*, dont l'autre extrémité est tenue, à la surface, par une autre personne avec laquelle il se trouve en communication incessante, à l'aide d'un certain nombre de mouvements convenus.

J'ai introduit dans mon système de raccord des tuyaux un perfectionnement d'une évidente utilité. Les raccords sont doubles : mâles et femelles en même temps. Il en résulte que dans le cas où un tuyau doit être allongé ou remplacé en partie, l'opération est toujours très-facile, d'impossible qu'elle se trouvait auparavant, lorsque les extrémités à réunir offraient des raccords dépareillés. Tous les raccords ont deux écrous et deux têtes chacun : mâles et femelles à chaque extrémité de tuyau, ils sont, par le fait, toujours appareillés.

Je crois devoir rappeler, en terminant ce chapitre, que si j'ai adopté récemment pour mes *Scaphandres* une pompe d'un nouveau système, je n'ai pas pour cela entièrement cessé de fabriquer mon ancienne pompe. Elle était suffisante, il est vrai, pour la plupart des travaux qui s'exécutent dans la marine ; mais elle ne laisse rien à désirer sur certains autres chantiers, les ingénieurs des Ponts et Chaussées, par exemple, continuent de l'employer de préférence.

Je range parmi ses avantages qu'elle est petite, légère et par conséquent très-facile à manier. Elle exige, pour fonctionner, une très-faible dépense de force. De plus, elle est exécutée d'après des données si simples, qu'elle redoute très-peu les accidents capables de la déranger, et que fût-elle dérangée, il ne serait pas besoin d'un mécanicien pour la réparer. On le comprendra en se rendant compte de sa structure.

C'est une pompe pneumatique, composée de cylindres de diamètre égal. Ces cylindres, pareils entre eux, sont en bronze ; ils contiennent chacun un corps de pompe. L'air qu'ils aspirent est envoyé par eux dans un troisième cylindre que j'appelle le *premier réservoir ;* il est en cuivre étamé et verni intérieurement. De ce premier réservoir l'air passe dans un second également en cuivre étamé et verni à l'intérieur : c'est le plus grand des quatre cylindres. Or, voici ce qui a lieu : le premier réservoir recevant plus d'air qu'il n'en déverse, l'air s'y comprime ; il en est de même du second. D'où il résulte que l'air s'échappe du second réservoir dans le tuyau qui alimente le plongeur par un jet continu, toujours égal, sans que le plongeur soit soumis à l'action si fatigante de ce qu'on appelle le *coup de clapet.* Il résulte encore de la compression de l'air dans le second

réservoir, qu'il s'y amasse en quantité assez abondante pour pouvoir en fournir encore au plongeur pendant cinq minutes après que les corps de pompe sont tombés au repos. C'est-à-dire que s'il arrivait, dans le cours du travail, un accident au corps de pompe, et c'est une chose qu'il faut toujours prévoir, loin que l'air fût pour cela brusquement supprimé au travailleur immergé, suppression où la vie est en péril, on aurait tout le loisir de signaler au plongeur qu'il doit remonter, lui-même aurait, et au delà, tout le loisir de remonter à la surface, avant qu'il se fût aperçu que la pompe est arrêtée. Signaler un tel mécanisme, n'est-ce pas faire suffisamment son éloge ?

De peur que l'air ne s'échauffe trop pendant son séjour dans les cylindres de la pompe, ils sont au centre d'un bassin qu'on peut toujours tenir plein d'eau froide. Cependant, quoique bonne, cette précaution ne me paraît pas indispensable. Il a été constaté, en effet, par une commission, à Toulon, que la pompe n'étant pas munie de son bassin, l'air n'arrivait pas moins frais au plongeur, à cause de la condensation de la température de l'eau qui agit sur les tuyaux.

Le prix de cette dernière pompe est beaucoup moins élevé que le prix de la pompe à trois corps.

III

Nomenclature complète des objets qui composent les Scaphandres Cabirol.

SCAPHANDRE Nº 1

Le Nº **1** se compose de :

1º Une pompe à air à trois corps (nouveau modèle), munie d'un manomètre avec ses clefs et ses accessoires, y compris l'écouvillon pour nettoyer le tube à air de la platine, à quinze cents francs, ci . . . . Fr. 1.500 »

2º Un casque complet avec un quatrième verre frontal et une lunette verre plan de rechange, à quatre cent vingt-cinq francs, ci . . . .   425 »

3º Quatre vêtements imperméables en toile caoutchoutée, comprenant les manchettes, à cent quarante-cinq francs l'un, ci . . . .   580 »

4º Tuyau de refoulement d'air, en caoutchouc, en trois bouts de 10 mètres de longueur munis de demi-raccords à chaque extrémité, à six francs le mètre, ci . . . .   180 »

5º Tuyau d'aspiration d'eau, en caoutchouc, de 5 mètres de longueur, muni de demi-raccords à chaque extrémité, à cinq francs le mètre, ci . .   25 »

A reporter. . . . Fr. 2.710 »

Report . . . . Fr.   2.710   »

6° Une crépine pour le tuyau d'aspiration d'eau, à quatre francs, ci . .   4   »

7° Tuyau de trop-plein d'eau, en caoutchouc, de 3 mètres de longueur, muni d'un seul demi-raccord, à sept francs le mètre, ci.   21   »

8° Deux plastrons en plomb, à vingt francs l'un, ci.   40   »

9° Une paire de brodequins en vache molle, avec semelles de plomb du poids de 6 kilogrammes par semelle, à quarante francs, ci.   40   »
(Une fausse semelle en tôle galvanisée, pouvant se visser sous chaque semelle de plomb, dans le cas où les plongeurs auraient à travailler sur un fond rocailleux, sera fournie, ainsi que les vis destinées à la fixer au plomb en même temps que les brodequins; elle aura 2 millimètres d'épaisseur).

10° Quatre bonnets de laine, à deux francs cinquante centimes l'un, ci.   10   »

11° Quatre gilets de laine blanche, à dix francs l'un, ci.   40   »

12° Quatre caleçons de laine blanche, à dix francs l'un, ci   40   »

13° Quatre cravates, à deux francs l'une, ci   8   »

14° Quatre paires de bas de laine, longs, montant jusqu'au-dessus du genou, à six francs la paire, ci   24   »

15° Une épaulière rembourrée, en toile, à trois francs, ci   3   »

16° Une ceinture de cuir avec son poignard et son porte-tuyau, à vingt-cinq francs, ci   25   »

17° Une paire d'extenseurs en cuivre pour ouvrir les manchettes, à six francs, ci   6   »

18° Douze écrous à oreilles, de rechange, à soixante centimes l'un, ci.   7 20

19° Six boulons taraudés, de rechange, à soixante centimes l'un, ci . .   3 60

20° Deux doubles raccords, l'un mâle et l'autre femelle, de rechange, à cinq francs l'un, ci   10   »

21° Douze bracelets, à quarante centimes l'un, ci 4 80

22° Six lanières en caoutchouc, pour serrer les poignets, à quatre-vingt-dix centimes l'une, ci 5 40

23° Quatre ressorts de soupape du casque, pour rechange, à vingt-cinq centimes l'un, ci   1   »

24° Six clapets à ressorts pour la pompe et pour rechange, à un franc l'un, ci   6   »

25° Cinq verres de rechange, dont un frontal, deux latéraux, un plan et un bombé de face, à deux francs l'un, ci   10   »

26° Deux kilogrammes de caoutchouc liquide pour réparations (dans une boîte en fer-blanc), à six francs le kilogramme, ci   12   »

27° Deux mètres de toile préparée au caoutchouc, pour réparation, à sept francs le mètre, ci   14   »

28° Une feuille de caoutchouc laminée de 1^m,90 sur 0^m,30 pesant environ 435 grammes, à dix-neuf francs le kilogramme, ci 8 25

29° Un panier pour renfermer le casque, les tuyaux, à vingt francs, ci.   20   »

30° Un album explicatif (à livrer gratuitement par appareil). . . . . .   »   »

31° Un manuel de plongeur (à livrer gratuitement). . . . .   »   »

TOTAL. . . . . . . Fr.   3.073 25

SCAPHANDRE Nº **2**

LE Nº **2** SE COMPOSE DE :

1° Une pompe à brinqueballe, munie de son manomètre, à huit cent soixante-cinq francs soixante-quinze centimes, ci . . . . Fr.   865 75

2° Un casque complet avec un quatrième verre frontal et une lunette à verre plan de rechange, à quatre cent vingt-cinq francs, ci   425   »

3° Deux vêtements imperméables, en toile ou coton, comprenant les manchettes, à cent quarante-cinq francs, ci   290   »

4° Trente mètres de tuyaux de refoulement d'air en caoutchouc, en trois bouts de 10 mètres chacun, munis d'un demi-raccord à chaque extrémité, à six francs le mètre, ci   180   »

5° Deux plastrons en plomb, à vingt francs l'un, ci   40   »

6° Une paire de brodequins, à vingt francs l'un, ci   40   »

7° Deux bonnets de laine, à deux francs cinquante l'un, ci   5   »

8° Deux gilets, à dix francs l'un, ci   20   »

9° Deux caleçons, à dix francs l'un, ci   20   »

10° Deux paires de chaussettes, à trois francs cinquante l'une, ci . . .   7   »

11° Une épaulière rembourrée, trois francs, ci   3   »

12° Une ceinture de cuir, avec poignard et son porte-tuyau à vingt-cinq francs, ci   25   »

13° Une paire d'extenseurs en cuivre pour ouvrir les manchettes, à six francs, ci   6   »

14° Douze écrous à oreilles, à soixante centimes l'un, ci 7 20

15° Six boulons taraudés, à soixante centimes l'un, ci 3 60

16° Deux doubles raccords, l'un mâle et l'autre femelle, à cinq francs l'un, ci   10   »

17° Douze bracelets, à 40 centimes, ci 4 80

18° Quatre ressorts de soupape de casque, à vingt-cinq centimes chacun, ci   1   »

19° Un kilogramme caoutchouc liquide, à six francs, ci   6   »

20° Un mètre de toile préparée, à sept francs, ci   7   »

21° Une feuille caoutchouc de 1^m,90 sur 0^m,30, pesant environ 435 gr., à dix-neuf francs le kilogramme, ci. 8 25

22° Six lanières, à quatre-vingt-dix centimes l'une, ci. 5 40

23° Un panier pour renfermer : casques, tuyaux, etc   20   »

TOTAL. . . . . . . Fr.   2.000   »

L'Appareil nº 1 sert aux grandes profondeurs, aux travaux de longue haleine et aux travaux de mer.

L'Appareil nº 2 sert aux barrages, travaux de rivières, constructions des quais, des ponts, etc.

IV

Des différents usages du Scaphandre.

Ce serait à tort qu'on regarderait le *Scaphandre* comme un appareil exclusivement destiné aux travaux sous-marins. Rendre à l'homme la vie et le travail possibles dans l'eau, tel a été le but primitif des inventeurs ; mais en résolvant ce problème, ils en ont, du même coup, résolu un autre fort important, lui aussi. Je m'explique.

Que fait le *Scaphandre* ? Il isole le travailleur du milieu où il est descendu, et il le maintient en communication avec le milieu qu'il a quitté. Peu importe la nature du milieu où le travailleur est descendu. Est-ce de l'eau ? On y respire l'air de la terre. Sont-ce des gaz méphytiques ? Ce sera encore l'air de la terre qu'on y respirera. L'imperméabilité du vêtement d'une part, et, de l'autre, le fonctionnement régulier de la pompe assurent ce résultat.

Dès lors, s'il est un endroit quelconque, à terre aussi bien que sous la vague, où l'homme doive parvenir, et où il puisse se risquer à visage découvert, sans affronter le péril imminent d'asphyxie ou d'empoisonnement, qu'il mette entre lui et les émanations de ce lieu la barrière du casque et du vêtement imperméable ; qu'il s'assure par la pompe et son tuyau conducteur que l'air pur du ciel ouvert ou d'un appartement salubre ne lui fera pas défaut ; ces deux conditions remplies, il n'est égout, puits perdu, fosse d'aisance si fétides, fond de cale, soute à charbon, cave d'où se dégagent les gaz les plus délétères, caverne inexplorée, mine pestilentielle, aucun lieu enfin où il ne puisse se hasarder sans danger. On voit les conséquences fécondes en applications de ce principe incontesté du *Scaphandre*. Et certes, les accidents sont assez nombreux parmi la classe chargée de la propreté des villes, parmi les ouvriers de certaines grandes industries, parmi les matelots obligés spécialement, dans les latitudes chaudes, de désinfecter les cales et les soutes, pour qu'il soit permis d'espérer qu'on se préoccupera de sauvegarder tant d'existences forcément exposées ; au *Scaphandre* reviendra l'honneur de cet inappréciable progrès.

Je citerai un seul cas à l'aide duquel, raisonnant par analogie, le lecteur s'imaginera facilement dans combien de circonstances le *Scaphandre* pourrait être employé et le sera plus tard, à une toute autre fin que les opérations sous-marines. Quand une épidémie éclate à bord d'un navire

qui est sur rade, la règle, à peu près invariable, c'est de mettre les hommes à terre, de décharger le navire, de le délester même, et cela fait, d'employer largement tous les moyens de curage, de désinfection et d'asséchement. « Les immondices qu'on retire d'ordinaire de la cale dans » ces opérations, dit M. Fonsagrives dans son *Traité d'Hygiène navale*, » démontrent par leur abondance et leur fétidité quelle influence nuisible » elles sont susceptibles d'exercer. » M. Fonsagrives ajoute que ces opérations sont « dangereuses pour les hommes qui les exécutent, et demandent des précautions préservatrices toutes spéciales. » Or, quelles précautions sauraient être plus efficacement préservatrices que de faire opérer le curage, quand la cale a été vidée, par des travailleurs hermétiquement renfermés dans un vêtement imperméable et respirant l'air du plein pont ?

Je ne me dissimule pas, toutefois, qu'il faudra bien des années encore avant qu'on songe à demander à l'emploi du *Scaphandre* des services aussi multipliés : nous n'arriverons qu'avec une lenteur extrême aux plus salutaires innovations. Ce qui me console et doit consoler mes confrères, c'est que nos appareils sont employés dès aujourd'hui dans des cas assez nombreux, à des travaux assez importants, pour que nous ayons conscience d'avoir doté l'industrie d'un engin dont elle ne saurait plus se passer.

Explorer le fond de la mer, surtout à proximité des côtes, est souvent une opération de la plus haute importance. Elle est indispensable pour connaître la qualité d'un mouillage, ou la nature de certains obstacles à la navigation. Il y a longtemps, personne ne peut l'ignorer, que les hydrographes, sans descendre sous la vague, sont arrivés à analyser d'une manière incomplète le fond qu'elle recouvre ; mais on sait aussi au prix de quelles fatigues et de quelles dépenses ils obtiennent lentement ce résultat. Loin de moi la pensée que le *Scaphandre* amoindrira l'importance de la science hydrographique ; mais, à coup sûr, ce n'est pas se faire illusion que d'affirmer que dans beaucoup de circonstances il deviendra un de ses auxiliaires, un de ses instruments, si l'on veut, les plus utiles. Pour le prouver, je n'ai besoin que de rappeler qu'à Toulon, un plongeur revêtu de mon appareil est demeuré, sans fatigue, une demi-heure, par des fonds de vingt-quatre brasses. Or, je ne doute point que, grâce aux perfectionnements adoptés par moi depuis, il lui serait aussi facile de séjourner quatre heures, aujourd'hui, par un fond de trente brasses, et ce qui vient à l'appui de ce que j'avance, ce sont les travaux qu'exécutent les pêcheurs de coraux, éponges, perles, etc., qui, quelques-uns, sont restés quatre heures sans remonter. Et il s'en faut que ce soit la limite extrême de la victoire que j'ai remportée sur cet ennemi réputé jusqu'à présent invincible, la pression de l'eau, passé une certaine profondeur.

Ni la pêche, ni l'hydrographie ne seront les seules intéressées à ce triomphe. Les sciences naturelles ne manqueront pas d'en recueillir des notions complétement inconnues encore sur certaines parties de la création. Que de plantes, peut-être, de coquillages, de polypes et mollusques sont cachés, non pas au fond de la mer, mais à quelques brasses seulement au-dessous de la ligne des basses mers sur nos côtes; sont cachés, dis-je, dans des anfractuosités de roches ou dans des grottes profondes d'où jamais ni l'effort des tempêtes, ni les filets, ni la drague ne sont parvenus encore à les arracher. Désormais, grâce au *Scaphandre*, le rivage submergé n'aura pas plus que le sommet des falaises un seul coin, un seul repli où l'homme ne puisse parvenir, qu'il ne puisse mesurer, explorer et vider au besoin de ses habitants séculaires.

Dans les lacs nombreux de la Suisse, mon *Scaphandre* est employé à la recherche des antiquités archéologiques qui viennent augmenter les richesses de nos musées français et étrangers.

Si on m'accusait, quand je tiens ce langage, de laisser un trop libre champ à mes espérances, et de prendre le mirage de mes illusions pour des réalités, je répondrais qu'on accueillait mes prévisions avec le même scepticisme quand, il y a trente ans, j'osai annoncer qu'à l'aide du *Scaphandre* on visiterait bientôt à l'extérieur toutes les parties basses des plus grands bâtiments, sans avoir besoin de les échouer ou de les faire entrer au bassin. C'était un rêve alors; depuis, cela n'en est pas moins devenu un fait. A la première inquiétude d'un commandant, un plongeur fait le tour, en tout sens, de sa carène, et quand il remonte sur le pont après un quart d'heure, une demi-heure ou une heure d'immersion continue, il lui rend le compte le plus minutieux, le plus exact de l'état de son cuivre et de ses bordages, des avaries survenues ou non à la quille, des obstacles qui empêchent le jeu du gouvernail et de l'hélice ou de l'usure qui menace sa solidité. Que de temps perdu autrefois, que de dépenses, sans parler des risques d'un échouage ou d'une mise au bassin, pour se procurer les mêmes renseignements ! Et qu'on le remarque, le plongeur n'en est pas réduit à constater le mal, dans le cas où il existe, sans pouvoir se livrer au moindre travail pour le réparer. Ne ferait-il que voir, cela serait déjà un résultat précieux ; tous les hommes du métier en conviennent. Mais, en outre, il peut travailler ; il y a des avaries qu'il peut réparer sur l'heure, lesquelles eussent exigé autrefois, dans nos ports de commerce dépourvus de bassin, l'abatage en carène ! Nous donnerons ailleurs le détail de ces avaries. Qu'on veuille bien le remarquer encore, l'invention de l'hélice a coïncidé à peu près avec celle du *Scaphandre*, et l'hélice a tellement besoin du *Scaphandre*, à cause des visites fréquentes qu'elle nécessite, à cause des mille et mille accidents qui peuvent entraver son fonctionnement et qui sont aisément réparables

par un plongeur, que le lecteur aurait peine à en croire ses yeux si nous lui énumérions, d'une part, les visites d'hélice qui ont eu lieu au *Scaphandre* dans un seul de nos ports, Toulon, par exemple, dans l'espace de cinq ans; et, d'un autre côté, les sommes qu'on eût été obligé de dépenser pour suppléer à ces visites, si le *Scaphandre* n'avait pas existé. Bâtiment de guerre ou navire de commerce, aucun steamer à hélice ne peut, ne doit du moins naviguer sans porter un *Scaphandre* à son bord ; les principes les plus élémentaires de l'économie l'exigent impérieusement. Les compagnies d'assurances en feront un jour une loi.

Le même motif d'économie de temps et d'argent fera prévaloir l'emploi à peu près exclusif du *Scaphandre* pour les sauvetages de matériel tombé à la mer. Aujourd'hui le recouvrement d'ancres, câbles, câbles-chaînes, objets en général, effets ou marchandises coulés à fond, s'opère le plus souvent par la drague, les chattes ou les grapins. Mais, comme le remarque M. le capitaine de vaisseau Pâris (*Dictionnaire de Marine à voiles*), le sauvetage de tous les objets ne peut guère être obtenu qu'à l'aide des recherches et des travaux des plongeurs. Or, est-il admissible que l'on continuerait à faire plonger les hommes, au péril de leur vie, sans les revêtir d'un appareil qui non-seulement met leur existence en sûreté, mais encore centuple la puissance et l'efficacité de leurs efforts ! Poser la question, c'est la résoudre. Ajoutons seulement qu'une seule ancre, un câble-chaîne recouvrés, représentent le prix, plus que le prix d'achat d'un *Scaphandre*. Nous ne pouvons mieux faire toucher au doigt le véritable intérêt des capitaines et des armateurs.

Il n'y a pas jusqu'à la coque entière d'un bâtiment depuis longtemps submergé qui ne puisse être, à l'aide du *Scaphandre*, plus aisément relevée du fond avec son chargement. Sans doute, c'est une opération considérable et qui nécessite un outillage spécial; mais le résultat ne manquera pas de couvrir les frais et de laisser encore des bénéfices importants. Que faut-il ? Amener au-dessous de la coque engloutie un ponton ou un chameau ; relier à l'épave le ponton ou le chameau, à mer basse, par des câbles puissants : quatre-vingts fois sur cent l'action de la marée haute suffira pour faire flotter le tout.

V

Pêche du corail, des éponges et des perles.

Je ne saurais me dispenser de mentionner ici d'une manière toute spéciale les services que rend et que rendra plus grands encore, tous les jours, le *Scaphandre* dans la quadruple pêche des perles, de la nacre, du corail et des éponges.

Tout le littoral du golfe de Lyon offre des bancs de corail de richesse extrême et naguère complétement exploités. Depuis qu'ils connaissent le *Scaphandre*, de nombreux pêcheurs, la plupart espagnols, s'adonnent à la pêche du corail et y réalisent de rapides fortunes. Ils ne sont plus réduits, comme on l'était sur notre littoral africain, avant mes expériences à Oran et à Bône, ils ne sont plus réduits à ce maigre et déplorable système de la drague, qui ravage les bancs en pure perte, n'amenant à la surface que quelques chétives branches de tant d'arbres médraporiques qu'ils déracinent et mettent en pièces.

A l'aide du *Scaphandre*, le pêcheur cueille à la main. Tout ce qu'il cueille, il le récolte. Il explore les anfractuosités des roches, il pénètre dans les cavernes sous-marines, et c'est là que sa moisson est à la fois plus abondante et de plus bel échantillon.

Un progrès analogue se produit, de jour en jour plus marqué, en Syrie, sur les bancs d'éponges; dans les mers du Sud et de l'Inde, sur les bancs d'huitres perlières.

VI

Instructions aux Plongeurs sur la manière de revêtir l'appareil.

Dans tous les ports militaires, des hommes sont spécialement dressés au métier de plongeur (1).

En général, tous les hommes peuvent, après quelques exercices méthodiques du *Scaphandre*, descendre sous l'eau et y séjourner quelques minutes; mais il faut une autre nature particulière pour faire un bon plongeur, capable d'exécuter des travaux pénibles et qui demandent plusieurs heures de travail. Parmi les ouvriers chauffeurs exercés journellement dans nos ports de guerre, ceux qui restent le plus longtemps sous l'eau sont robustes, et surtout ont la poitrine bien développée. L'homme qui va revêtir le *Scaphandre* doit se trouver dans les conditions suivantes :

1° Ne pas être en état d'ivresse;

---

(1) Circulaire du Ministre de la Marine aux Préfets maritimes, du 10 janvier 1860 :

Monsieur le Préfet,

L'appareil plongeur dit *Scaphandre* se trouve aujourd'hui compris au nombre des objets de matériel à délivrer réglementairement aux bâtiments à vapeur pourvus d'une hélice; il devient donc nécessaire de prendre des mesures pour assurer, sans sortir d'ailleurs des conditions normales d'organisation du personnel de la flotte, un recrutement suffisant de marins possédant les connaissances spéciales et la pratique qu'exigent l'emploi et l'entretien de cet appareil.

En conséquence, et après une étude particulière de la question, j'ai arrêté les dispositions qui suivent :

1° Un *Scaphandre* destiné à l'instruction des marins sera délivré à chacune des cinq divisions des équipages de la flotte; le premier maître de manœuvre attaché à l'une des compagnies de dépôt de la division sera chargé de cet appareil, dont les réparations seront effectuées par les soins des directions compétentes, sur la demande du commandant de la division;

2° Les seconds maîtres, quartiers-maîtres *mécaniciens*, *charpentiers* et *calfats*, les *ouvriers chauffeurs* et les matelots *charpentiers* et *calfats* des divisions seront exercés à l'usage du *Scaphandre* et à la pratique des divers travaux sous-marins, sous la direction et la surveillance d'un officier de la division. Un règlement local, approuvé par le préfet maritime, déterminera les jours et heures de ces exercices ainsi que leur durée et toutes autres conditions dans lesquelles ils devront avoir lieu ;

3° Les premiers maîtres mécaniciens et les maîtres charpentiers et calfats présents à la division assisteront à ces exercices ;

4° L'aptitude professionnelle de tous marins suffisamment exercés à l'usage du *Scaphandre* sera constatée par une note portée sur son livret et signée du commandant de la division ;

5° A l'avenir, et autant que les ressources des divisions le permettront, le personnel réglementaire à embarquer sur tout bâtiment pourvu d'un *Scaphandre*, devra comprendre dans chacune des catégories professionnelles définies au § 2, un officier-marinier, quartier-maître, ouvrier chauffeur ou matelot spécialement instruit dans l'emploi de l'appareil plongeur et exercé aux divers travaux sous-marins ;

6° Conformément aux prescriptions de la circulaire du 29 juin 1857 *(Bulletin officiel*, p. 542), les hommes employés à des travaux sous-marins recevront, pour chaque opération, une allocation de 5 francs, plus 10 centimes par minute de séjour sous l'eau. Ainsi que l'a fait connaître la circulaire précitée, ces indemnités seront imputées sur le chapitre du budget affecté au payement des *salaires d'ouvriers*.

Ces primes et suppléments ne seront pas accordés pour les travaux exécutés à titre de *simples exercices*.

Veuillez assurer, en ce qui vous concerne, la prompte et complète exécution des mesures qui précèdent.

Recevez, Monsieur le préfet, l'assurance de ma considération très-distinguée.

L'Amiral Ministre secrétaire d'État de la marine,
Signé : HAMELIN.

2° Avoir mangé depuis une heure ;

3° Ne pas être en transpiration ;

4° Être en bonne santé ;

5° Avoir l'esprit calme.

Il faut exiger que le plongeur se couvre du vêtement de dessous : bonnet, gilet, caleçon, chaussettes. Au fond de l'eau la transpiration est abondante ; ces vapeurs, ne pouvant s'élever comme elles le feraient à l'air libre, vont des membres à l'étoffe imperméable et s'y condensent immédiatement ; de là elles retomberaient en pluie glacée sur l'homme qui ne serait pas couvert d'un vêtement de laine.

Le vêtement imperméable se passe d'abord comme un pantalon ordinaire, puis les bras introduits l'un après l'autre, on remonte la collerette de cuir, de manière qu'elle s'ajuste bien sur les épaules. Mettre alors le coussin et, par-dessus, la pèlerine de métal séparée du casque ; cette dernière est placée dans la situation qu'indique sa forme sur le haut du corps ; faire pénétrer chaque bouton de la pèlerine de métal dans la boutonnière correspondante de la collerette de cuir. Par-dessus la collerette, ajuster les brides ou segments en cuivre, ainsi que les écrous à oreilles ; visser ces derniers jusqu'à ce que la jonction du vêtement et de la pèlerine soit assez exacte pour qu'il n'y ait entre eux aucun passage pour l'eau.

L'introduction et la sortie des mains dans les manchettes de caoutchouc qui terminent les manches du vêtement, ne peuvent se faire facilement qu'avec le secours des *ouvre-manchettes*, qu'on introduit dans les manchettes pour les agrandir, et donner ainsi au poing la possibilité d'y passer. Les bracelets en caoutchouc ou les lanières que l'on met par-dessus les manchettes ne doivent pas être trop forts, parce que la pression qu'ils déterminent arrête la circulation du sang et rend les travaux sous l'eau fort difficiles. Le sens du toucher est en quelque sorte paralysé. Chausser alors les brodequins et boucler la ceinture.

Mettre le casque. — La glace circulaire dévissée, deux hommes (l'un en avant du plongeur, l'autre derrière lui) prennent le casque dans la position qu'il doit occuper lorsqu'il sera fixé à la pèlerine ; ils l'élèvent à 10 ou 12 centimètres au-dessus de la tête du plongeur. Ils font là un léger temps d'arrêt pour s'assurer que le casque est parfaitement orienté dans le sens voulu. Cette certitude acquise, ils le laissent descendre parallèlement à lui-même, jusqu'à ce que la partie inférieure porte sur la partie supérieure de la pèlerine. Alors, le tenant toujours solidement, ils emboîtent les deux parties l'une dans l'autre. Dès qu'elles sont convenablement emboîtées, ils les engagent par un mouvement lent de droite à gauche ; ils font ainsi prendre les filets de la vis coupée qui opère leur jonction. Mettre la cheville de sûreté qui doit empêcher le casque de se dévisser. La bande de cuir interposée entre la pèlerine et le casque doit fermer hermétiquement tout passage à l'air ; on n'obtiendra ce résultat indispensable que si cette bande est entretenue bien grasse.

Le tube conducteur de l'air doit avoir une longueur suffisante (un tiers de plus que la distance qui sépare la pompe de l'endroit où le plongeur doit parvenir) et être essayé ; c'est-à-dire qu'on fait marcher la pompe pour comprimer l'air dans le tuyau ; en laissant tout à coup cet air s'échapper, il entraîne avec lui la poussière, et l'on voit en même temps s'il y a des fuites. Avant de faire la réunion avec le casque, on passe le tuyau devant le plongeur, puis dans un anneau en cuivre fixé à la ceinture, et enfin on le visse au casque. De cette manière, le plongeur a toujours le tuyau sous la main et ne peut être gêné dans ses mouvements par lui. Dès ce moment, faire marcher la pompe, pour montrer à l'homme qu'il reçoit l'air.

Attacher à la ceinture la corde de signaux. Pour préserver le vêtement imperméable, il est bon que le plongeur mette par-dessus un pantalon de forte toile.

Dans cet état, l'homme est prêt à descendre sous l'eau ; la pompe marche régulièrement, et l'air qu'elle fournit s'échappe par la glace circulaire si elle est dévissée, par le robinet s'il est ouvert, ou enfin par la soupape à air que la pression fait lever.

Dès que l'homme est complétement habillé, on suspend et l'on fixe les plastrons en plomb qui doivent porter sur le dos et sur la poitrine. L'homme déjà entré en partie dans l'eau ou prêt à y pénétrer, on visse la glace circulaire. Si le robinet est ouvert, le plongeur se dispose à le fermer aussitôt qu'il mettra le cou dans le liquide.

VII

Conseils aux Plongeurs.

L'introduction dans l'eau est toujours délicate ; aussi doit-on disposer les choses pour que le plongeur puisse pénétrer facilement et surtout lentement. S'il descend trop brusquement, il éprouve dans les oreilles des bourdonnements douloureux, qui cependant disparaissent au bout de peu de temps s'il a soin d'avaler sa salive.

Le plongeur ne doit pas oublier que la soupape à air peut être plus ou moins ouverte par lui, et, par suite, qu'il peut ainsi, à sa volonté, garder une quantité d'air plus ou moins grande. Mais il peut arriver que, malgré l'ouverture complète de la soupape, l'air qu'il reçoit soit en trop grande abondance. Dans ce cas, le vêtement se gonfle et le tire par en haut: il a surtout l'entre-deux des jambes fatigué ; enfin, il lui est impossible de se maintenir au fond, l'eau déplacée étant d'un poids plus considérable que le sien, augmenté de celui du vêtement. C'est alors que devient indispensable le robinet placé au-dessous de la glace circulaire ; en l'ouvrant, le plongeur laisse évacuer une partie de l'air et se soulage immédiatement.

La pression de l'eau comprime le vêtement par en bas avec une telle force, que souvent le caleçon est imprimé sur les jambes du plongeur ; cette pression est une véritable souffrance, qui finirait par engourdir ses membres inférieurs, s'ils ne s'asseyait pas de temps en temps ; alors il ferme le robinet et lève les jambes l'une après l'autre. En agissant ainsi, il fait pénétrer l'air entre le vêtement et ses membres, et le sang reprend sa circulation. A une profondeur de 35 mètres, il faut ordinairement avoir recours à ce moyen plusieurs fois par heure.

Le plongeur éprouve beaucoup de peine pour se baisser en avant ; l'air s'accumule alors entre le vêtement et le dos de l'homme, et le gêne beaucoup. C'est encore le robinet qui donne la possibilité de surmonter cette difficulté. En l'ouvrant, il laisse échapper assez d'air pour que le dos du vêtement se dégage.

Un plongeur peut revenir à la surface avec la rapidité d'une flèche ; pour cela, il lui suffit de fermer le robinet et de diminuer l'ouverture de la soupape par laquelle s'échappe l'air ; le vêtement se gonfle et l'attire en haut ; s'il ne veut pas être fatigué par cette espèce de traction, il doit se coucher sur le dos, pour que l'air puisse se répandre dans tout le vêtement. On comprend que ce moyen ne doit être employé que si le plongeur n'a aucun obstacle au-dessus de lui.

Cependant, par une armure intérieure que j'ai inventée, on peut descendre à 50 mètres sans éprouver aucun malaise. On se sert déjà de ce système pour la pêche du corail.

Il est bon d'accoupler les plongeurs de telle sorte que celui de dessus et celui de dessous aient une confiance entière l'un dans l'autre ; alors l'un tient toujours l'extrémité de la corde de communication, tandis que l'autre est au fond, et réciproquement.

En général, dès que l'homme prévient qu'il remonte, la pompe doit fournir de moins en moins d'air. Dès qu'il arrive à la surface, on doit dévisser la glace circulaire et lui maintenir la tête, parce que le poids du casque pourrait l'entraîner à tomber à la renverse ; on le débarrasse des poids et on enlève le casque. Cependant, quand le plongeur a séjourné longtemps sous l'eau, il ne faut pas le mettre trop précipitamment en contact avec l'air extérieur ; aussi est-il prudent dans cette circonstance, de n'ouvrir que le robinet et de continuer à pomper ; mais il faut toujours enlever les poids qui compriment la poitrine.

VIII

Signaux de convention.

Les signaux doivent être peu nombreux, facilement intelligibles et capables de traduire toutes les indications utiles. Nous donnons ici ceux employés à l'école de Brest :

LE PLONGEUR TRAVAILLANT SUR LE FOND.

1 *coup* donné par l'homme de la surface :

>*Le plongeur est-il bien ?*

Le plongeur répond immédiatement par un coup.

Cette communication est constante ; l'homme de la surface ne doit pas laisser écouler plus de 2 à 3 minutes sans interroger celui qui est au fond, et ce dernier doit répondre aussitôt. Si le plongeur laissait trois appels successifs sans réponse, on devrait le remonter aussitôt, en tirant sur la corde de communication.

2 *coups* donnés par le plongeur :

>*Donnez-moi plus d'air.*

L'homme de la surface répond deux coups. En général, tous les signaux sont répétés par celui qui les reçoit.

3 *coups* donnés par le plongeur :

>*Donnez-moi moins d'air.*

5 *coups* donnés par le plongeur :

>*Je ne puis plus rester, remontez-moi.*

Le signal est répété par l'homme de la surface, et le plongeur est aussitôt retiré de l'eau.

LE PLONGEUR TRAVAILLANT SOUS UN NAVIRE.

Dans ce cas, le plongeur se tient plus souvent sur les barreaux d'une échelle de corde qui prend les formes du navire. Cette échelle peut être portée sur l'avant ou sur l'arrière, rapprochée du navire ou éloignée de lui, à la demande du plongeur. Ces demandes se font au moyen de la corde de communication, et les demandes d'air au moyen du tuyau conducteur. Mais, comme dans les signaux précédents, ceux auxquels ils s'adressent répondent toujours par le même signal, pour montrer qu'ils l'ont bien compris.

Quelquefois aussi, il est sur un panneau soutenu par ses quatre angles. Une corde tient cet espèce d'échafaud suspendu à la profondeur voulue, pour exécuter le travail ordonné ; une autre corde, passant sous les flancs du navire, permet de le rapprocher plus ou moins, à la demande du plongeur.

1 *coup* sur la corde donné par le plongeur :

L'échelle ou l'échafaud est assez près. Amarrez.

L'homme, étant placé entre les flancs du navire et l'échelle, pourrait être blessé, s'il n'avait pas la possibilité d'indiquer à temps qu'il est assez près. Aussi ne peut-on trop demander d'attention à celui qui tient la corde.

2 *coups* sur la corde donnés par le plongeur :

Rapprochez l'échelle du navire.

3 *coups* sur la corde donnés par le plongeur :

Écartez l'échelle du navire.

4 *coups* sur la corde donnés par le plongeur :

Portez l'échelle sur l'avant.

5 *coups* sur la corde donnés par le plongeur :

Portez l'échelle sur l'arrière.

6 *coups* sur la corde donnés par le plongeur :

Je me trouve mal, remontez-moi.

1 *coup* sur le tuyau donné par l'homme de la surface :

Le plongeur est-il bien ?

2 *coups* sur le tuyau donnés par le plongeur :

Donnez-moi plus d'air.

3 *coups* sur le tuyau donnés par le plongeur :

Donnez-moi moins d'air.

Quant aux autres signaux pour demander des cordes, des outils, etc., dont le plongeur peut avoir besoin, ce sont des conventions particulières, faites sur le moment, et qui varient naturellement avec l'espèce de travail fait par le plongeur.

IX

Soins à prendre de l'appareil.

Il est des soins à prendre de l'appareil dans les intervalles d'un service à l'autre, afin d'assurer sa plus longue conservation. Du casque, je ne dirai rien : il faut le traiter comme on traite tous les objets de même métal.

Pour la pompe aussi, les prescriptions sont nécessairement les mêmes que pour toutes les pompes analogues. J'avertirai seulement que chaque fois qu'on va s'en servir, il est prudent, en premier lieu, de mettre à revenir pendant quelques instants, dans l'eau, les tampons des corps de pompe, si on s'aperçoit qu'ils sont trop secs ; en second lieu, de faire jouer l'écran qui est au-dessous et dont le but est de varier leur volume de manière qu'ils s'adaptent toujours parfaitement à la paroi interne du cylindre, et avoir soin de nettoyer l'intérieur des cylindres pour éviter l'action du vert de gris. Faute d'avoir pris cette double précaution, on a éprouvé parfois une déperdition d'air qui, bien à tort, a fait accuser les pompes de manquer de puissance.

Quant à l'accoutrement proprement dit, dès qu'on ne s'en sert plus, il faut le retourner et le placer, pour qu'il sèche ainsi retourné, dans un lieu le plus sec possible, soit au grand air, soit dans un magasin ; mais prendre bien garde, surtout, qu'il ne soit pas exposé au soleil.

L'installation se fait par deux bâtons disposés en croix de Saint-André.

De temps en temps on le visitera, s'il n'est employé qu'à des intervalles éloignés. Un lavage à l'eau douce, si c'est dans l'eau de mer qu'on s'en est servi, ne peut lui être que profitable. Il est plus qu'urgent de ne jamais employer aucun corps gras ; car celui-ci attaque immédiatement le caoutchouc et détériore le vêtement. Ceci est dit pour la collerette de cuir qui fait joindre avec les brides de l'épaulière. Se déchire-t-il — ce qui ne peut manquer d'arriver quelquefois — en supposant que la déchirure est de petite dimension, et ce sera le cas de beaucoup le plus fréquent, voici comment on le raccommode : on applique sur l'endroit déchiré une couche de caoutchouc liquide qu'on laisse sécher pendant une heure ; puis une seconde couche qu'on laisse également sécher pendant une heure ; enfin, une troisième couche, qui sèche pendant le même laps de temps. On fait la même chose sur une pièce d'étoffe imperméable de la grandeur voulue, ainsi que sur une feuille de caoutchouc laminée. Après la troisième heure destinée à la dessiccation, on applique d'abord le morceau du caoutchouc laminé sur la déchirure du vêtement, puis la pièce préparée, on presse fortement le tout jusqu'à ce que l'adhérence soit parfaite. Cet endroit du vêtement est, après cela, aussi solide que pas un autre.

X

Lampe sous-marine Cabirol.

Plusieurs lampes ou lanternes sous-marines ont été produites ; mais aucune, jusqu'à ce jour, n'a réalisé ce qu'elle promettait.

Quelques-unes étaient fondées sur le principe de l'envoi de l'air, au moyen de tubes flexibles ; elles en recevaient trop ou pas assez ; leur lumière devenait vacillante, l'air se condensait sur les glaces et les rendait opaques, au point d'empêcher leur clarté de se répandre. Dans ces lampes, le tube qui recevait la fumée se brûlait promptement, par l'excessive chaleur de la combustion de l'huile ou du gaz liquide qu'on employait.

Pour éviter ces inconvénients, d'autres inventeurs se sont servis de tubes métalliques et ont réussi à faire des lampes qui brûlent plus régulièrement dans les petites profondeurs ; mais la rigidité de leurs tubes en métal ne leur permet pas de les immerger perpendiculairement ; elles ne sont d'aucun secours quand il s'agit de travailler dans un navire submergé, par exemple, alors qu'il est utile d'en visiter toutes les parties ; elles ne sauraient, à plus forte raison, servir à la pêche du corail, pêche où, pour faire la meilleure récolte, les plongeurs doivent entrer dans des grottes sous-marines à plus de 50 mètres de profondeur.

J'ai établi depuis plusieurs années une lampe qui rend tous les services qu'on doit attendre d'un pareil engin.

J'enferme une lampe ordinaire, soit carcel, soit modérateur, dans un globe en cristal monté et muni de son appareil condensateur.

Un système de tuyaux en caoutchouc me permet, à l'aide d'une pompe aspirante, d'assurer à la lampe, quelle que soit la profondeur à laquelle elle se trouve, l'incessant renouvellement d'air indispensable à sa combustion. Elle brûle dix heures.

Cet engin donne une belle lumière ; il est si réellement portatif, que partout où le plongeur peut descendre avec le *Scaphandre*, il lui est aussi facile d'emporter sa lampe et de s'en servir que s'il travaillait hors de l'eau.

Cette lampe a été par moi produite en public, pour la première fois, à l'Exposition universelle de Londres, en 1862. Elle figurait dans la classe X (Ponts et Chaussées) ; elle m'a valu une médaille, ainsi motivée par le Jury international : *Pour son moyen ingénieux et complète réussite de sa Lampe sous-marine.*

Puisse la lecture de ces instructions, quelque inhabile que j'aie été à les formuler d'une façon assez claire, non-seulement ne pas rebuter les ingénieurs, les capitaines, les maîtres et les ouvriers, mais encore offrir à tous une garantie nouvelle contre les accidents, le mauvais travail et les dépenses infructueuses. Si je n'ose me flatter que c'est mon espérance, je puis affirmer, du moins, que c'est mon souhait le plus sincère.

J.-M. CABIROL.

CHARLES FERRUS, *Neveu et successeur.*

NOTES EXPLICATIVES DES GRAVURES

Sept planches lithographiées composent l'Album auquel je joins les présentes notes explicatives.

Les six premières planches représentent, avec quelques détails et d'une manière exacte, les principales opérations; les opérations les plus ordinaires, aujourd'hui, du travailleur sous-marin. Je ne doute pas que le plongeur capable d'exécuter tous ces travaux ne soit parfaitement en mesure de se livrer, sans autres instructions, à tous les autres travaux que les circonstances inspireraient d'entreprendre, soit à la mer, soit dans une cale ou sur un quai.

Au chapitre premier de ces instructions, j'ai déjà renvoyé le lecteur aux figures 1 et 2 de la planche I. Ces figures représentent le plongeur revêtu de son accoutrement et vu, dans la première, de face; dans la seconde, de dos.

Les planches II, III, IV et V représentent toutes les opérations exécutées à la mer, soit au fond, soit autour de la carène d'un bâtiment à flot.

La première de ces opérations, celle que figure la planche II, a pour objet, soit une reconnaissance pure et simple du fond, soit le relèvement des épaves y gisant. Le graveur a supposé le cas où il s'agirait de recouvrer une ancre dont la chaîne a été cassée; mais il va sans dire que le travail serait à peu près le même si on avait à repêcher des canons, des boulets, une hélice, un caisson, etc. La manière de saisir chacun de ces objets varierait évidemment, en raison de leur forme, de leur volume, de leur matière; mais les installations et précautions nécessitées par l'acte de plonger, en lui-même, ne subiraient que d'insignifiantes modifications.

Je me permets d'appeler tout particulièrement l'attention sur la planche III. Elle figure la manière dont il est, à mon avis, le plus convenable d'installer le plongeur dans les cas où il lui faut, après visite préalable, débarrasser une hélice des herbes qu'elle aurait saisies dans son mouvement de rotation, ou d'un grelin qui, laissé à la traîne, se serait engagé autour de son axe. Ce dégagement offre des difficultés. Il demande l'emploi de deux types d'instruments très-différents, tous les deux emmanchés longuement et susceptibles d'être introduits tout autour de l'axe de l'hélice. Le premier est une sorte de pelle très-tranchante, à l'aide de laquelle les herbes ou les cordes peuvent être coupées, hachées même; le second un crochet ou une gaffe qui servira à retirer, par morceau, tout ce qui aura été précédemment coupé.

L'opération qui consiste à aveugler une voie d'eau est également représentée. Le maître calfat et tous les matelots savent mieux que moi les instruments et les Méthodes de ce travail. Je n'en parlerai donc pas. Je ferai remarquer seulement, d'après le dessin, la manière dont je conçois que le plongeur, pour ce cas, doit être descendu sur un siége dont la structure et les moyens de suspension doivent être attentivement combinés. Du reste, c'est là un échafaudage très-connu des marins, et dont les avantages m'ont été enseignés par les ingénieurs de la marine. Je ferai remarquer encore que les nettoyages des carènes, calfeutrages des joints entre des bordages, ou raccord des feuilles du doublage, sont des travaux qu'on doit exécuter dans des conditions tout à fait analogues.

En ce qui concerne la planche IV, je prie qu'on veuille bien ne pas condamner sans examen la pensée dont elle est la traduction. Je sais les énormes difficultés que présente l'établissement d'un cric sous l'avant ou l'arrière d'un navire échoué; les difficultés proviennent du peu de consistance que peut offrir le fond et le poids énorme de la masse à soulever. Je sais encore que le cric, fût-il établi, dans bien des cas on peut redouter que son effet ne soit impuissant. Mon intention n'est donc pas d'assurer qu'un navire quelconque, échoué dans n'importe quelles conditions, sera sûrement remis à flot par un ou plusieurs plongeurs. Ce serait compromettre l'autorité de mes observations que d'attribuer à l'emploi du *Scaphandre* une si prodigieuse efficacité. Mais on ne peut pas ignorer, d'autre part, que dans bien des circonstances, un navire, même considérable, s'échoue de telle sorte qu'un léger effet, sur un point bien choisi, à un molement où le flux vient en aide, suffit pour le faire flotter. On n'ignore pas non plus qu'une tentative de cette nature, qui resterait infructueuse s'il s'agissait d'un bâtiment de fort tonnage, est, au contraire, susceptible d'un excellent résultat, quand la coque échouée sera légère comme celle, par exemple, d'un grand canot ou d'une chaloupe de vaisseau, si surtout l'échouage a eu lieu dans un berceau régulier, entre deux points de roche sans vase. Voilà les cas que j'ai eus en vue. Et je ne crains pas de l'affirmer, si l'on ne prête aux indications de la planche IV que cette portée raisonnable, on conviendra que je ne suis pas sorti du domaine des réalités, ou du moins des choses réalisables.

La planche V offre un type des grandes pêches du corail, de l'éponge, des perles. Elle n'a pas besoin et ne comporte pas de commentaires. Il est évident que tous les relèvements d'épaves peu volumineuses et dispersées sur le fond, dans les cas, par exemple, où, à l'aide de la mine, on aurait fait sauter en éclats une coque submergée; il est évident, dis-je, que tous ces relèvements d'épaves sont une véritable pêche.

La sixième planche représente le travail sous-marin d'une fondation hydraulique qui n'a pas besoin non plus d'être expliquée. Les ingénieurs, qui président toujours à ces importantes opérations, varieront, mieux que je ne saurais le prévoir, en raison des circonstances différentes, le nombre et les installations des plongeurs.

La septième planche est un dessin, sous différents aspects, de la nouvelle pompe et du casque.

On trouvera, en outre, dans la planche VII, un croquis exact de ma lampe sous-marine.

En somme, je le répète, les sept dessins constituent un ensemble véritablement complet, eu égard à l'état actuel des industries sous-marines. Aucun ne m'a paru pouvoir être supprimé, et tous ceux que j'aurais ajoutés m'auraient semblé faire double emploi.

J. M. C.

CHARLES FERRUS, *Neveu et successeur*.

LOCATION D'APPAREIL

La Maison CABIROL (*Charles FERRUS, Neveu et successeur*) loue des appareils n° 2, à raison de 25 francs par jour. Le prix de la location court du jour de la sortie de l'Appareil de la fabrique jusqu'à celui de la rentrée. Elle pourra, aussi, si on le désire, procurer des plongeurs habiles.

IMPRIMERIE CENTRALE DES CHEMINS DE FER. — A. CHAIX ET Cⁱᵉ, RUE BERGÈRE, 20, A PARIS, PRÈS DU BOULEVARD MONTMARTRE. — 12288-5.

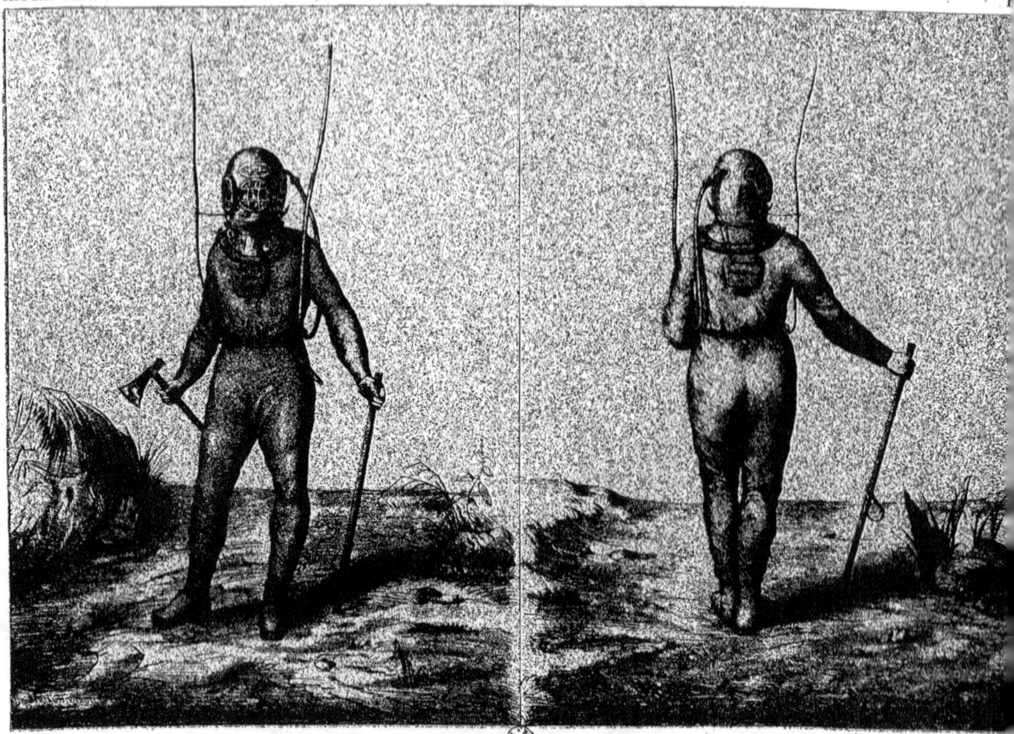

PLONGEUR HABILLÉ.
1. Vue de l'appareil par devant. — 2. Vue de l'appareil par derrière.

Reconnaissance de fond. — Relèvement d'épaves.

Visite et dégagement d'une hélice.
Reconnaissance et aveuglement d'une voie d'eau.

Mise à flot d'un bâtiment échoué.

CHARLES FERRUS, Neveu & Suc.r

Pêches du Corail et des Éponges.

  CHARLES **FERRUS**, Neveu & Suc.

Constructions Sous-marines.

POMPE A AIR

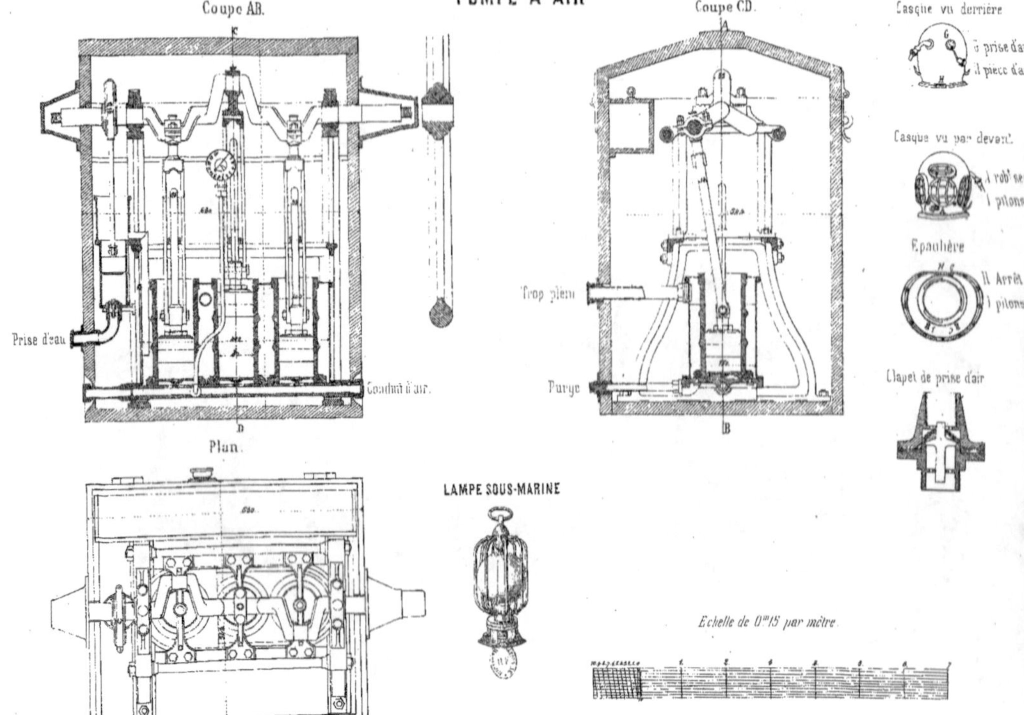